SONETOS

Luís de Camões

SONETOS

Os vinte sonetos
mais aclamados do
escritor português

Com textos de:
Claudio Blanc
Rodrigo Xavier
Paulo Braz
Marcella Abboud

SABEDORIA PORTÁTIL

Copyright © Sonetos – os vinte sonetos mais aclamados do escritor português
Copyright © Editora Planeta do Brasil, 2022

Texto-base: *Os Lusíadas* de Luís Camões
Direção literária: dr. Álvaro Júlio da Costa Pimpão

*A seleção dos sonetos respeitou a numeração consagrada
nas edições canônicas da lírica de Luís de Camões*

Todos os direitos reservados

Título original: *Os Lusíadas*

Seleção, introdução e comentário dos sonetos: Claudio Blanc
Edição: Fernanda Emediato
Preparação: Josias A. de Andrade
Revisão: Gypsi Canetti
Capa, projeto gráfico e diagramação: Alan Maia

Dados Internacionais de Catalogação na Publicação (CIP)
Angélica Ilacqua CRB-8 7057

Camões, Luís de, 1524?-1580
   Sonetos: os vinte sonetos mais aclamados do escritor
português / Luís de Camões. – São Paulo : Planeta do
Brasil, 2022.
104 p.

ISBN: 978-65-5535-924-4

1. Poesia portuguesa I. Título

22-3828   CDD P869.1

Índice para catálogo sistemático:
1. Poesia portuguesa

MISTO
Papel produzido a partir
de fontes responsáveis
FSC® C019498

Ao escolher este livro, você está apoiando o
manejo responsável das florestas do mundo

2022
Todos os direitos desta edição reservados à
EDITORA PLANETA DO BRASIL LTDA.
Rua Bela Cintra 986, 4º andar – Consolação
São Paulo – SP – CEP 01415-002
www.planetadelivros.com.br
faleconosco@editoraplaneta.com.br

Sumário

Os vinte sonetos mais aclamados de Luís de Camões..............9
Rodrigo Xavier

Um Camões presente...15
Paulo Braz

A poesia do poeta maior: vida e morte de Luís de Camões...23
Claudio Blanc

Os sonetos de Camões...35

1. **Enquanto quis Fortuna que tivesse**...................................38
   (Soneto 001)

2. **Busque Amor novas artes, novo engenho**.................... 40
   (Soneto 003)

3. **Amor é um fogo que arde sem se ver**.............................42
   (Soneto 005)

4. **Pede o desejo, Dama, que vos veja** 44
   (Soneto 008)

5. **Está o lascivo e doce passarinho** 46
   (Soneto 014)

6. **Transforma-se o amador na cousa amada** 48
   (Soneto 020)

7. **Sete anos de pastor Jacob servia** 50
   (Soneto 030)

8. **Como quando do mar tempestuoso** 52
   (Soneto 043)

9. **De vos me aparto, ó vida! Em tal mudança** 54
   (Soneto 057)

10. **Alma minha gentil, que te partiste** 56
    (Soneto 080)

11. **Mudam-se os tempos, mudam-se as vontades** 58
    (Soneto 092)

12. **Quando de minhas mágoas a comprida** 60
    (Soneto 100)

13. **Ah! Minha Dinamene! Assi deixaste** 62
    (Soneto 101)

14. **O céu, a terra, o vento sossegado** 64
    (Soneto 106)

15. **Cá nesta Babilônia? donde mana** 66
    (Soneto 120)

16. **Na ribeira do Eufrates assentado** 68
    (SONETO 129)

17. **O dia em que eu nasci, moura e pereça** 70
    (SONETO 131)

18. **O tempo acaba o ano, o mês e a hora** 72
    (SONETO 133)

19. **A fermosura desta fresca serra** 74
    (SONETO 136)

20. **Vencido está de amor meu pensamento** 76
    (SONETO 145)

    Camões em imagens 78

    Camões na música brasileira 83

    Camões na sala de aula 84
    Marcella Abboud

        O contexto de produção 84

        Vamos nos aprofundar na obra de Camões 85

        Camões nas provas de vestibular 87

        Conhecendo Camões e *Sonetos* através de uma videoaula 100

    Referências bibliográficas 101

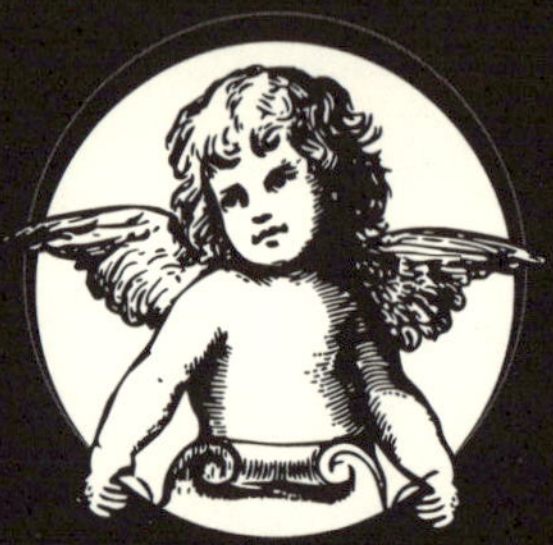

Os vinte sonetos mais aclamados de Luís de Camões

Rodrigo Xavier[1]

Em *Por que ler os clássicos* (1991), o escritor e crítico italiano Italo Calvino faz a seguinte definição: "É clássico aquilo que persiste como rumor mesmo onde predomina a atualidade mais incompatível", que parece nos servir como luva para a apresentação desta belíssima e necessária coletânea.

---

[1] **Rodrigo Xavier** é professor associado do Departamento de Letras Vernáculas da Universidade Federal do Rio de Janeiro (UFRJ) e pesquisador da Cátedra Jorge de Sena para Estudos Luso-Afro-Brasileiros. É doutor em Letras pela PUC-Rio, com estágio pós-doutoral pela Universidade de Chicago (EUA). É autor de vários artigos nas áreas de Literatura Portuguesa e literatura comparada. Também organizou os volumes *Nelson Rodrigues: literatura, política e sociedade* (2018) e *Fernando Pessoa: poemas mais publicados em vida* (2022).

Luís de Camões, poeta e dramaturgo português, figura ao lado de grandes nomes da literatura universal, como Dante, Homero, Shakespeare e Virgílio. Isso se dá em razão de seu gênio criativo, por ser um homem conectado com o seu tempo, conhecedor de sua história, e com olhos e mente voltados para o futuro. Sua obra mais conhecida, *Os Lusíadas* (1572), é considerada pelo cânone um clássico, na acepção de Calvino, por ter se tornado a mais importante epopeia escrita em língua portuguesa. Mas Camões não se resume a seu épico "salvo a nado" — segundo a lenda que Claudio Blanc relata no texto incluso nesta edição. Tal gesto heroico aponta para a importância de sua poesia, e a sua obra lírica é tão decisiva quanto sua obra épica na eternização de seu nome no panteão da literatura ocidental.

O poeta escreveu poesia lírica de estilo variado, que abrange a medida velha, incluindo os poemas escritos em redondilha (versos de cinco e sete sílabas métricas), passando pelas éclogas, odes, sextinas, canções e elegias, culminando no estilo clássico, pela assimilação do *dolce stil nuovo* (doce estilo novo), entronizado com a poesia do italiano Francesco Petrarca (1304-1374), trazido a Portugal por outro poeta português, Francisco de Sá de Miranda (1481?-1558). Esse novo estilo, também conhecido como medida nova (em contraposição à medida velha presente nas redondilhas), consolidou-se na lírica camoniana com a escritura de seus sonetos, poemas de forma fixa, que em sua versão inaugural apresentam quatro estrofes: as duas primeiras com quatro versos cada uma, e as duas últimas com três versos cada uma. Esses versos continham (todos eles) dez sílabas métricas. Em resumo, os sonetos de Camões — sonetos, portanto, petrarquistas — são compostos de dois quartetos e dois tercetos, formados por versos decassílabos e com rimas regulares que obedecem geralmente ao esquema ABBA ABBA CDC DCD (ou seja, as rimas ocorrem entre 1º, 4º, 5º e 8º versos; entre 2º, 3º, 6º e 7º versos; entre 9º, 11º e 13º versos; e por último, entre 10º, 12º e 14º versos).

É nos sonetos (e Camões escreveu mais de duzentos deles) que encontramos a fusão do estilo engenhoso — engendrado pelo poeta desde a sua formação sob a influência da poesia palaciana com o estilo clássico do Renascimento. Neste prima a harmonia, a simplicidade, o equilíbrio e a proporção, herança da filosofia, da arte e da cultura greco-latinas. Ainda que estejamos diante de um gênio literário, uma pergunta salta aos leitores desta coletânea: por que um jovem ou uma jovem leria, hoje, na era do Instagram, TikTok e diversas outras redes sociais, os sonetos de Camões? Por que esses mesmos jovens escolheriam dedicar parte de seu tempo a ler Camões em lugar de assistir a vídeos de youtubers que falam sua "língua"? Talvez eu possa ensaiar uma resposta a essas perguntas.

A poesia dos sonetos — assim como os *stories* do Instagram, as dancinhas do TikTok e os vídeos de influenciadores de hoje — prestava-se a uma infinidade de usos no século XVI, tempo em que Camões viveu e escreveu. Desde comunicar a alguém o sentimento de afeto e apreço que nutria por outro alguém, a lamentar a perda de um ente querido ou de algo valioso, passando pela tentativa de conseguir doação para uma pessoa que passa por necessidade, ou pela celebração de um acontecimento feliz — um nascimento, um casamento, um aniversário —, ou, até, a proposição de uma mudança social e política; todos esses movimentos eram representados na poesia, e os sonetos de Camões são peças literárias exemplares nesse sentido.

Camões, ao contrário do que pode se pensar, escreveu sobre coisas que estão presentes no dia a dia de cada um de nós. Seus sonetos, representados aqui nesta coletânea por uma seleção criteriosa, tinham por matéria principal o entendimento do ser humano e do mundo que o rodeava. Todos nós fazemos perguntas do tipo: Quem somos? Onde estamos? Para onde vamos? Então, Camões concentrará os temas dos seus sonetos naquilo que nos "perturba" cotidianamente: o amor, a mudança, a natureza, o desconcerto do mundo, a morte. Ler Camões é "fingir" todas essas coisas, torná-las realidade sem que precisemos vivê-las e, ao mesmo, tempo, nesse fingimento, associarmos as nossas experiências e vivências ao que está posto em palavra poética nos poemas. A vida imita a arte, e a conexão entre o que acontece nas palavras e o que vivemos é tão visceral, que chega a nos surpreender quando nos dedicamos à leitura desses textos.

    Todos nós amamos (de diversos modos); todos nós questionamos as mudanças sucedidas na nossa vida como indivíduos e como cidadãos (se acontecem para o bem ou para o mal); todos nós estabelecemos, em maior ou menor grau, uma relação com a natureza (ainda que vivamos em "selvas de pedra"); todos nós percebemos que, por muitas vezes, as coisas parecem "fora do lugar" (não nos parece que por vezes o bem é punido e o mal, recompensado?). Por fim, todos nós pensamos, tememos e lidamos (da melhor ou da pior forma) com a morte. Todos esses temas constituem a matéria-prima da poesia camoniana, sobretudo nos sonetos aqui selecionados. E não há momento mais recomendado para pensarmos nesses temas do que o momento de nossa formação intelectual e de nossa preparação para a fase adulta da vida, que inclui a escolha de como, onde, com quem e de que maneira viveremos.

    Carreira, educação, lazer, relacionamento, moradia são escolhas que faremos daqui para a frente, e, por mais incrível que pareça, os sonetos de Camões também estão tratando, direta ou indiretamente, dessas questões. Assim, esses sonetos — como nos disse Calvino — persistem como um "rumor", mesmo que estejamos vivendo a "realidade", aparentemente, "mais incompatível" com a leitura de poesia.

Então, por que ler Camões? Porque é um autor atemporal e universal. Por onde começar? Por esta coletânea, que reúne vinte sonetos escolhidos "a dedo". Esses sonetos funcionam como "espelhos" nos quais o que é refletido não é a nossa aparência, a nossa fisionomia ou a nossa silhueta. Nesses "espelhos" vemos o nosso "eu" refletido, e nesse "eu", nossas indagações sobre o amor, a natureza, a mudança, o desconcerto, a morte, afinal, sobre quem somos. Então, esses espelhos, que são os sonetos, retornam para nós essas questões na forma de poesia. É uma oportunidade de aprender e de apreender Camões, e de praticar o "Conhece-te a ti mesmo", conselho atribuído por Platão a um senhor chamado Sócrates, filósofo que viveu há cerca de 2.400 anos. Eu, se fosse você, aceitaria o conselho. Boa leitura!

Um Camões presente
Paulo Braz[2]

Quando Luís de Camões compôs o conjunto que constituiria o cânone (indefinidamente variável) dos seus sonetos, tal forma lírica já era, na Europa, uma pequena tradição. Com efeito, em língua portuguesa, não foi sequer o nosso poeta quem a difundiu, cabendo esse papel de pioneirismo a um seu predecessor, ainda que menos conhecido, mas igualmente ilustre, chamado Francisco de Sá de Miranda. Sobre este

---

[2] **Paulo Braz** doutorou-se em Estudos de Literatura, pela Universidade Federal Fluminense, com a tese *Das artes da servidão: Camões e o amor do mundo*. Hoje atua como professor de Literatura Portuguesa na Universidade Federal do Rio de Janeiro.

recai também a responsabilidade, ao menos no que diz respeito à escrita de versos, de ter dado início ao Renascimento em Portugal. Que fique claro, porém: se foi Sá de Miranda quem deu esse pontapé inicial, coube a Camões conferir ao soneto a sua forma mais bem-acabada, explorando toda a infinita riqueza de seus recursos e instaurando um legado que, espantosamente, chega vivo até os dias de hoje.

Naquela altura, no longínquo século XVI, o soneto era, entretanto, coisa nova. Aliás, por utilizar o metro decassílabo na estruturação dos versos, o soneto compreendia o que era designado por "medida nova", o *dolce stil nuovo* aprendido com os renascentistas italianos, em oposição, naturalmente, a uma "medida velha", que, por sua vez, abrangia as metrificações utilizadas na poesia medieval. A novidade do soneto permitia ao poeta que o burilava uma sofisticação expressiva e uma profundidade reflexiva inaudita, que as redondilhas e outras formas populares na Idade Média nem ao menos sonhavam alcançar. O próprio uso do decassílabo abre, no corpo do soneto, um espaço mais dilatado — literalmente um espaço de escrita, distribuído pelas fartas dez sílabas poéticas —, o que desencadeia também um campo mais amplo e propício para o pensamento. É importante destacar isso porque, no contexto do Renascimento, a poesia não desempenhava um papel de simplória veiculadora de fantasias sentimentais e arroubos do coração por meio de jogos de palavras, cujo efeito buscaria estimular a imaginação do leitor. Mais do que isso, a ela cabia encerrar uma verdadeira forma de conhecimento, de que o neoplatonismo cristão participava como pilar central de sustentação.

Nesse âmbito, Camões foi um mestre, porque soube, como raros, articular na forma de soneto os mais elevados e requintados pensamentos, segundo a tradição que seguiu e desenvolveu à excelência. Mas foi Camões, sobretudo, um aprendiz, e isso porque, como nenhum outro em seu tempo, se investiu na busca pelo novo, pelo até então desconhecido — aquele "não sei quê, que nasce não sei onde,/ vem não sei como, e dói não sei porquê". Vale lembrar que falamos do mesmo poeta de *Os Lusíadas*, portanto, o cantor da aventura dos Descobrimentos (não nos esqueçamos do que esses brincos de descobrimentos trouxeram igualmente de barbárie, predação, genocídio e duradoura violência colonial para as Américas, Áfricas e Ásias afora), a maior a que o mundo ocidental jamais tinha assistido. Como indivíduo nascido no seio dessa terra de navegantes e participante ativo da empreitada ultramarítima, experimentou e conheceu aquilo que nenhum outro homem de seu tempo pôde viver. Nenhum outro homem, claro, com "engenho e arte" foi capaz de transfigurar esses novos mundos, que se abriam diante dos claros olhos europeus, em poesia. Ora, essa exuberância do novo, que alimentava a imaginação de quantos viveram essa aurora da globalização, contaminou profundamente também a poesia lírica de Camões, e os seus sonetos são fiel testemunha disso. Não propriamente por se referirem ao Oriente e às navegações, mas por problematizarem valores constituintes de um estofo lírico tradicional e, em certo sentido, até mesmo romperem com eles (no que tal expansão de horizontes possibilitada pelas viagens "por mares nunca de antes navegados" não cumpriu uma função irrelevante). Dessa postura resulta uma atitude francamente moderna que, na poesia lírica de Camões, se revela na abertura a uma visão de mundo multifacetada, a qual se manifesta, entre outros modos, por uma perspectivação heterogênea (muitas vezes heterodoxa) do sentimento amoroso.

Os sonetos de Camões falam, a maior parte do tempo, de amor. Fazem-se eles mesmos gestos de amor demandando o corpo amado (entenda-se, o corpo do leitor) em busca de uma completude que, se sabe de partida, foi para sempre perdida. O encontro amoroso é, por conseguinte, desejo de aplacar uma falta originária, condicionante da existência humana desde quando, vivendo com os deuses, expulsos fomos da Idade de Ouro. É também por isso que no amor se vislumbra uma força divina, capaz de nos religar ao plano sagrado. A escala platônica do amor traduz esquematicamente uma gradação, que vai do plano sensível e terreno da sexualidade animal à sublimação celeste do amor espiritual. Com base nessa escala, o poeta perfaz os diferentes níveis dessa hierarquia cujo objetivo deve ser alcançar a sua dimensão mais alta, no plano celestial, o que, como fica evidente, só se fazia perfeitamente viável depois da morte. Tal modelo inspirou de forma tão profunda e definitiva o imaginário ocidental, que não é difícil trazer à lembrança, desde o *Romeu e Julieta*, de William Shakespeare, às telenovelas do nosso tempo, exemplos de histórias de amor cuja possibilidade de realização apenas se adivinha em seu termo fatal. E Camões, claro, não ficou de fora, também glosando esse tópico lírico nos seus sonetos, em especial naqueles que dedica à sua (de modo algum única) musa Dinamene — finada amada que inspira alguns de seus mais belos versos.

O soneto "Ah! minha Dinamene! Assi deixaste" demonstra essa confluência entre Eros e Tanatos, em que o luto amoroso se converte em um gosto pelo sofrimento, misto de lástima e... prazer: "Ó mar, ó Céu, ó minha escura sorte!/ Que pena sentirei, que valha tanto,/ que inda tenho por pouco viver triste?" Também o famoso "Alma minha gentil, que te partiste" desenvolve extraordinariamente o mesmo motivo, em tom exasperado, assim como o assombroso "O céu, a terra, o vento sossegado...". No entanto, sobre este, cabe dizer que sua entoação é mais circunspecta, porventura um efeito do recurso à máscara ficcional representada pelo personagem do "pescador Aónio", que protagoniza a desolada cena de um sujeito que implora a ressurreição da amada, em diálogo com uma natureza que se revela desconcertantemente tão impassível como se desprovida de qualquer transcendência: "— Ondas (dezia), antes que Amor me mate,/ torna-me a minha Ninfa, que tão cedo/ me fizestes à morte estar sujeita.// Ninguém lhe fala; o mar de longe bate,/ move-se brandamente o arvoredo;/ leva-lhe o vento a voz, que ao vento deita."

Sob um prisma radicalmente diverso, Camões também impôs a tal modelo espiritualizante do amor as suas múltiplas experiências carnais, buscando, assim, uma ainda mais complexa síntese da natureza humana. O soneto "Transforma-se o amador na cousa amada", de altíssima carga filosófica, explora esse jogo do amor em que corpo e alma participam em utópica confluência do enleio entre amantes. Por outras vezes, o desejo, tirânico e impetuoso, também se revela como força que impele o amador às zonas inferiores da matéria e da sexualidade — ponto em que o poeta, com indisfarçável delícia, se entrega aos prazeres de uma vida tão ditosa quanto eroticamente livre de amarras morais. É esse o caso de "Pede o desejo, Dama, que vos veja", cujos tercetos indiciam a insaciabilidade do amante, gozando do próprio corpo e espantado com o pensamento que, afinal, "foi, Senhora, pedir esta baixeza".

O "breve livro" que o jovem leitor tem ora em mãos é um extraordinário pórtico de entrada à obra camoniana, de que os sonetos são uma espécie de súmula de uma vasta enciclopédia do amor, em que vemos inventariados "casos tão diversos" quanto contraditórias são as feições desse sentimento. Todos nós sabemos do que diz o poeta, sentimos em nosso âmago esse "fogo que arde sem se ver". Mas com certeza podemos saber melhor porque, antes de nós, Camões ousou buscar as palavras que tantas vezes nos faltam, como o ar da respiração ofegante quando diante da pessoa amada. Mais do que uma lição gramatiqueira dos usos estilísticos da sintaxe ou um compêndio vazio de figuras de linguagem, a poesia de Camões chega ao mais jovem, ou ao mais velho, como perpétua novidade, sempre por se descobrir. Lição de mestre que inspirou uma ilustre plêiade de poetas, que vai de Florbela Espanca a Vinicius de Moraes, de Manuel Bandeira a Caetano Veloso, de Ana Cristina César a Renato Russo, e o que torna essa poesia, aqui apresentada, mais presente do que nunca.

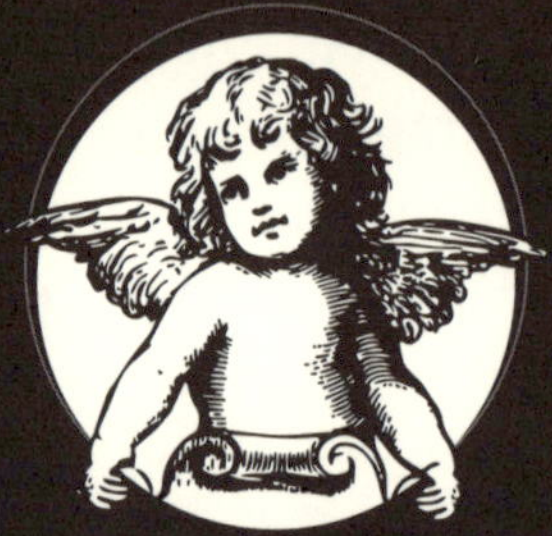

A poesia do poeta maior: vida e morte de Luís de Camões

Claudio Blanc[3]

Luís Vaz de Camões é considerado o maior autor da língua portuguesa. Sua obra percorre os séculos e continua atual, pois aborda com beleza e criatividade as coisas que movem a paixão humana. Em seus poemas, o poeta demonstra uma sensibilidade profunda com relação ao amor e à paixão. Se o amor é indefinível por meio

---

[3] **Claudio Blanc** é filósofo, escritor, tradutor e editor, tendo colaborado em diversas publicações ao longo dos últimos vinte anos. É autor, entre outros, dos livros *Aquecimento global & crise ambiental*, *Uma breve história do sexo*, *O lado negro da CIA* e *O homem de Darwin*. Claudio Blanc também escreve sobre mitologia e tem produzido obras de reconto. Seu livro *De lenda em lenda se cruza fronteiras* foi selecionado como "Altamente Recomendável" pela Fundação Nacional do Livro Infantil e Juvenil, e Avantesmas, finalista do Prêmio Jabuti 2015, é escolhido pela Prefeitura de São Paulo/Secretaria Municipal de Educação para compor o projeto Minha Biblioteca – Edição 2018. Além disso, assina, até o momento da publicação deste livro, a tradução de cinquenta obras nos mesmos campos de conhecimento sobre os quais escreve.

de palavras, Camões está entre os escritores que mais bem conceituaram esse intrigante sentimento.

Com sua obra, o poeta foi o grande estruturador da língua portuguesa, estendendo e explorando sua capacidade descritiva como ninguém havia feito antes. Gerações e gerações de poetas e autores foram influenciadas por seu estilo. De fato, tanto *Os Lusíadas* como a obra lírica de Camões têm lugar de destaque na literatura mundial.

Apesar de *Os Lusíadas* ser considerada a obra- -prima de Camões, o resto de sua produção bastaria para colocá-lo na mesma altura dos grandes nomes da história da literatura. Sua poesia emerge da vida, dos sentimentos humanos, da paixão que ele explora com palavras e rimas precisas. Seus poemas de amor, publicados pela primeira vez em 1616 — ano da morte de William Shakespeare — sob o título de *Rimas,* renovam a poesia criada pelos poetas anteriores a ele.

Sem dúvida, Camões aperfeiçoou a tradição poética que o precedeu. Não só assimilou a obra dos poetas latinos, como Virgílio, Horácio e Ovídio; dos italianos Petrarca, Sannazzaro, Bembo e Bernardo Tasso; e dos poetas espanhóis Manrique, Bosean e Garcilaso, como acrescentou à forma poética que absorveu o próprio pensar e sentir.

Embora Camões não tenha tido retorno material pelas obras que produziu, sua poesia lírica foi reconhecida logo nas primeiras décadas depois da publicação de *Os Lusíadas*.

Sonetos

A força de sua obra lírica é descrita por Pedro de Mariz, primeiro biógrafo do poeta e guarda-livros da Biblioteca da Universidade de Coimbra:

> Camões excedeu a todos os latinos, gregos e toscanos nas comparações com que descreve, pinta e descobre o íntimo dos conceitos poéticos, com artifício admirável e mui próprio, além de outras muitas figuras e tropos de retórica, de que em muitas partes usa, com tanta energia e eficácia que nenhum dos antigos lhe levaram vantagem. (MARIZ, 2022, p. 4)

De fato, a não ser por Fernando Pessoa, nenhum dos poetas modernos da língua portuguesa rivalizou ainda com a obra de Luís de Camões.

Camões foi o primeiro grande artista europeu a cruzar o Hemisfério Sul, e sua poesia traz as marcas de quase duas décadas passadas no norte e leste da África, no Golfo Pérsico, na Índia e em Macau. De uma elegia ambientada em Marrocos, a um hino escrito no Cabo Guardafui, no extremo norte da Somália, aos primeiros poemas de amor europeus modernos para uma mulher não europeia, esses poemas refletem os encontros de Camões com povos e lugares radicalmente desconhecidos. A qualidade dos poemas demonstra que ele mereceria o seu lugar entre os grandes poetas mesmo que nunca tivesse escrito a grande epopeia, a obra-prima *Os Lusíadas*. Conforme escreveu o filósofo romântico alemão Friedrich Schlegel (1772-1829) sobre a obra lírica de Camões:

"Nas pequenas obras líricas de Camões encontramos graça e sentimento profundo, ingenuidade, ternura, melancolia cativante, todos os graus de sentimentos mais debilitados, indo do prazer mais suave até o desejo mais ardente, saudade e tristeza, ironia, tudo na pureza e claridade da expressão simples, cuja beleza não podia ser mais acabada, e cuja flor não podia ser mais florescente." (Caderno Mais da Folha de São Paulo, em 21 de maio de 2000).

O CLASSICISMO

Os avanços tecnológicos e científicos trazidos do Oriente para a Europa na época das Cruzadas, assim como o desenvolvimento urbano, deram origem a um dos mais importantes movimentos históricos e culturais do Ocidente. Conhecido como Renascimento, uma vez que a cultura humanística renascia para ocupar o lugar da visão teológica que dominou o continente europeu ao longo da Idade Média, esse movimento surgiu na Itália e se espalhou por toda a Europa Ocidental, transformando as artes e a forma de os europeus perceberem o homem e o universo.

Durante o Renascimento, as relações sociais foram influenciadas tanto quanto as expressões artísticas.

Sonetos

A pintura, a escultura, as ciências, a arquitetura e a engenharia transformaram-se, assumindo um caráter que iria definir os contornos da modernidade. E como não podia deixar de ser, a literatura foi igualmente transformada durante o Renascimento.

A literatura surgida em meio à onda do Renascimento chamou-se Classicismo e, como as outras expressões artísticas do Renascimento, também valorizava e resgatava elementos da cultura greco--romana, ou clássica, além de recuperar a filosofia, o conhecimento, os valores e a estética artística da cultura greco-romana. Como principal característica, o Classicismo era antropocentrista, isto é, em vez de Deus e da religião, colocava o homem no centro do universo. Por influência das obras da Grécia e da Roma antigas, os autores renascentistas misturavam mitologia ao cristianismo, valorizavam o preciosismo do vocabulário e cultivavam uma linguagem sóbria e uma visão de mundo racionalista.

No início do século XVI, importantes obras fundamentais como *Orlando furioso* (1516), de Ludovico Ariosto, se tornavam modelo da nova estética literária. Em seguida, esse movimento literário se espalhou pela Europa Ocidental. A influência italiana chegou primeiro à França, onde influenciou a poesia lírica de um grupo de autores conhecidos como *Pléiade*, liderados por Pierre de Rosnard (1524-1585). Na Espanha, o novo desenvolvimento literário produziu a chamada Era de Ouro da literatura daquele país. A maior obra-prima da literatura espanhola, *Dom Quixote de La Mancha,* de Miguel de Cervantes (1547-1616), foi escrita nesse período. Por meio das peripécias de Dom Quixote, um fidalgo tresloucado, e de seu escudeiro Sancho Pança, na verdade um humilde camponês seduzido pelas loucuras do seu amo, Cervantes observa a sociedade espanhola e a humanidade através das lentes da ilusão e da realidade.

Em Portugal, o Classicismo também é chamado de Quinhentismo e foi introduzido em 1527, quando o poeta Sá de Miranda voltou da Itália e divulgou esse estilo no país. Seu maior representante foi Luís de Camões.

O POETA PEREGRINO

Apesar da fama e da importância de Luís Vaz de Camões, há poucos registros dos fatos de sua vida. Não se conhece nem a data nem o local do nascimento do autor de *Os Lusíadas*. Tampouco se escreveu a respeito do poeta quando ele era vivo. Quando *Os Lusíadas* foi publicado pela primeira vez, em 1572, cerca de oito anos antes da sua morte, não havia qualquer nota biográfica. Todas as referências a ele por seus contemporâneos foram feitas depois de sua morte. A primeira biografia de Camões, *Ao estudioso da lição poética*, escrita por Pedro de Mariz, data de 1613, ou seja, 33 anos depois da morte do poeta. Sua vida foi reconstituída por meio de suas cartas, comentários, sonetos, sua poesia amorosa e seu grande poema épico, *Os Lusíadas*. Em razão disso, essa reconstituição é permeada de imaginação e admiração.

Do pouco que realmente se pode afirmar é que Luís de Camões tinha origem nobre. Era filho do fidalgo Simão Vaz de Camões e de Ana de Sá e Macedo, que supostamente morreu ao dar à luz o menino. Conforme o documento referente ao engajamento de Camões como soldado de uma armada que partiu para a Índia em 1553, deduz-se que Luís tenha nascido em 1524 ou 1525. Sabe-se também que o pai de Camões morreu quando ele ainda era menino.

Outra circunstância conhecida é que o tio do órfão, Dom Bento Camões, era prior do Convento de Santa Cruz, em Coimbra. Por isso e pela sua erudição, o poeta deve ter passado a infância naquela cidade — um centro de cultura, sede da famosa Universidade de Coimbra. Camões teve contato com as obras de Dante Alighieri e Petrarca e estudou obras de história e geografia, tanto da Península Ibérica como que era produzido na Antiguidade por escritores gregos e romanos. Também aprendeu astronomia e as artes militares.

Depois do período em Coimbra, o poeta se transferiu para Lisboa. Sua origem nobre garantiu a ele um lugar na corte de Dom João III. Em Lisboa, Camões exerceu, provavelmente, as funções de preceptor do filho dos condes de Linhares, aos quais ele se refere ao longo de toda a vida como seus protetores. Desse tempo datam versos apaixonados, nos quais o poeta canta a beleza de uma mulher loura de olhos claros.

No entanto, a maré virou contra Camões, pondo fim à sua vida de cortesão e iniciando suas peregrinações. Não se sabe ao certo o que houve, mas por volta de 1549, Camões teria caído em desgraça por causa de um amor malsucedido e foi obrigado a se afastar da corte. Seu exílio foi passado parte em Belver, no Ribatejo, e, como acreditam os historiadores, mediante um favor real conseguiu ser enviado a Ceuta, no Marrocos, onde os portugueses mantinham um posto avançado para combater os mouros. Lá, durante uma batalha, Camões perdeu o olho direito, passando a ser assim representado em seus conhecidos retratos.

Quando o inquieto soldado e homem de letras voltou do exílio na África já não encontrou em Lisboa os amigos do passado. O degredo o marcou, e Camões pouco fez para melhorar sua imagem. Em 16 de junho de 1552, dia da procissão de Corpus Christi, o poeta se desentendeu com um pajem da Casa Real, Gonçalo Borges. Como era costume então, os dois resolveram a disputa em um duelo de espadas, no qual o experiente Camões feriu com gravidade seu adversário. Foi preso imediatamente, ficando recolhido na prisão da cidade enquanto Borges aos poucos se recuperava. Gonçalo Borges se curou e decidiu perdoá-lo, exigindo apenas o pagamento de 4 mil réis. A carta de perdão concedida pelo rei ao poeta data de 7 de março de 1553.

Pouco depois, Camões embarcou como simples soldado na armada de Fernando Álvares Cabral — filho do capitão-mor da esquadra que veio ao Brasil em 1500 —, que ia para Goa, na Índia, onde os portugueses mantinham entrepostos. O poeta passou cerca de sete meses no mar, e a experiência deu a Camões conhecimentos que usaria nas cenas marítimas de *Os Lusíadas*.

Os soldados portugueses costumavam servir durante três anos na Índia. Nesse período, Camões tomou parte em diversas campanhas. Atacou beduínos na Arábia, lutou contra nativos rebeldes, participou de expedições ao Vietnã e à Malaca. Apesar da atividade militar, continuou a escrever e, em Goa, apresentou sua comédia *Filodemo*.

Uma vez findo o período que deveria servir como militar, Camões assumiu uma atividade civil para a qual foi nomeado pelo seu amigo Francisco Barreto, governador de Goa desde 1555. Camões passou a ser provedor-mor dos defuntos e ausentes em Macau, China. Não obstante a importante posição que assumiu como civil, as finanças de Camões iam mal. E não só suas finanças, mas também a administração que exerceu sobre os bens dos defuntos e ausentes. Por isso, cerca de um ano depois da sua chegada a Macau, foi destituído e mandado sob custódia a Goa, onde seria julgado.

A viagem de volta a Goa constitui outro episódio da vida de Camões, no qual a lenda se confunde com a realidade. O navio que levava o poeta teria naufragado no delta do rio Mekong. No naufrágio, a amante chinesa de Camões, Dinamene, teria morrido afogada, enquanto o poeta lutava para salvar os manuscritos de *Os Lusíadas,* vencendo as ondas com apenas um braço, enquanto com o outro segurava os originais do poema.

Em Goa, foi mais uma vez favorecido por Francisco Barreto, que havia sido nomeado vice-rei da Índia. O amigo não só lhe concedeu o perdão, como também devolveu seu posto e lhe concedeu uma nova nomeação como feitor em Chaul, território tomado por Portugal. Mesmo assim, o incorrigível Camões voltou a ser preso por dívidas. De acordo com o biógrafo Pedro de Mariz, o poeta "era grande gastador, mui liberal e magnífico" e por isso "não lhe duraram os bens temporais mais que enquanto ele não via ocasião de os despender a seu bel prazer".

Para angariar ajuda, ele promoveu um "banquete de versos" — um dos poucos episódios da vida do poeta que podem ser considerados reais. Os cinco nobres portugueses convidados por Camões para o festim em sua casa, em Goa, surpreenderam-se ao serem servidos com pratos cheios de folhas manuscritas de poesia, em lugar das esperadas iguarias.

Finalmente, em 1567, Camões partiu da Índia de volta a Portugal. Com o capitão de um navio, conseguiu passagem gratuita até Moçambique, onde esperava encontrar o amigo e protetor Francisco Barreto, recém-nomeado governador da África

Oriental. Mas Barreto havia morrido quando chefiava uma expedição ao interior do continente. E a situação de Camões acabou piorando até mais.

Além das dificuldades que enfrentava, seu manuscrito de uma coletânea de sua lírica, o *Parnaso* foi roubado. Em seu livro *Décadas das Índias*, Diogo do Couto descreve a situação de penúria que o autor de *Os Lusíadas* enfrentava: "Em Moçambique, achamos aquele Príncipe dos Poetas, Luís de Camões, tão pobre que comia de amigos e, para se embarcar para o reino [Portugal], lhe ajuntamos toda a roupa que houve mister, e não faltou quem lhe desse de comer." Ainda em Moçambique, Camões acabou "de aperfeiçoar as suas *Lusíadas* para as imprimir".

Com Diogo do Couto, Camões voltou a Lisboa, aonde chegou por ocasião da grande peste que castigou a cidade em 1568 e 1569. Em Lisboa, Camões procurou publicar seu poema épico. Depois de melhorar bem mais a obra, enviou uma cópia ao rei Dom Sebastião pelo seu amigo de infância Dom Manuel de Portugal — uma vez que ele próprio já não tinha mais acesso à corte. Mesmo que na ocasião o valor de *Os Lusíadas* não tenha sido percebido, o rei gostou da obra e emitiu, em 1571, um alvará régio concedendo a licença de impressão e garantindo a Camões direitos autorais por dez anos. No ano seguinte, o livro foi publicado e o rei decidiu conceder a Camões uma tensa, isto é, uma pensão, de 15 mil réis por ano. O valor, comparado com as tensas concedidas pelo rei naquela época, era pequeno e pago com atraso, e mesmo com a pensão Camões continuou vivendo miseravelmente. O biógrafo, Pedro de Mariz, escreveu que o autor de *Os Lusíadas*

> "viveu em tanta pobreza, que, se não tivera um jau [um escravo javanês], chamado Antônio, que da Índia trouxe, que de noite pedia esmola para o ajudar a sustentar, não pudera aturar a vida, como se viu: tanto que o jau morreu, não durara ele muitos meses" (MARIZ, 2022, p. 3.)

Pouco se sabe dos últimos anos da vida do poeta, reconstituídos quase que apenas por meio de suposições. Entre 1579 e 1581, Lisboa foi atingida por uma peste, e em 10 de junho de 1580, supõe-se, morria o poeta, provavelmente vítima da epidemia que assolou a cidade. Em meio à confusão que reinava em Lisboa, o corpo de Camões foi envolvido em uma mortalha e enterrado com os cadáveres de outras vítimas da peste na Igreja de Santa Ana. Em 1880, todos os restos mortais que estavam no local foram levados para o Panteão dos Jerônimos, onde foram sepultados em uma tumba dedicada a Camões.

Os sonetos de Camões

Existe a poesia épica, a poesia lírica, a ode, a elegia e ainda outras formas mais. E entre todos os gêneros poéticos, o soneto é um dos mais conhecidos e apreciados.

Acredita-se que o soneto tenha surgido no começo do século XIII, na Sicília. De lá, foi levado para a Itália. Um dos poetas que aperfeiçoou o gênero foi Petrarca (1304-1374). Em Portugal, esse gênero poético foi introduzido por Francisco Sá de Miranda (1481-1558), mas foi Camões quem, na língua portuguesa, levou o soneto ao seu apogeu.

A lírica de Camões segue o modelo do soneto clássico: catorze versos, dispostos em duas quadras e dois tercetos, que rimam. O esquema de rimas varia de acordo com o tipo de soneto, e o comprimento do verso pode mudar. A forma mais comum é a que contém dez sílabas métricas por verso, chamados de versos decassílabos, os quais podem ter a acentuação rítmica na sexta e décima sílabas (verso heroico) — os mais utilizados por Camões —, ou na quarta, oitava e décima sílabas (verso sáfico).

Para tecer sua poesia, Camões lança mão de jogos verbais e conceituais e figuras de linguagem. Com relação aos temas, em seus sonetos, quase sempre reflete sobre o amor, o desconcerto do mundo, os dilemas existenciais. O poeta aborda as angústias e os anseios da alma humana e lamenta nossa incompreensão do tempo e da vida. Camões almeja a perfeição, mas tem consciência de que ela é limitada pela condição humana e, por isso, sofre e se angustia.

Embora descrevam de maneira magistral as emoções humanas, os sonetos de Camões são reflexivos e, por vezes, filosóficos. Os dilemas existenciais são disciplinados: a expressão e as emoções surgem contidas, porém comoventes. A tensão lírica presente nos sonetos camonianos se dá pela oposições entre o real e o ideal, o eterno e o transitório, a morte e a vida, o pessoal e o coletivo. O poeta reflete sobre a realidade do que se deseja e do que se consegue, povoando a vida do poeta de frustração e tristeza. Para solucionar o impasse provocado pelo conflito entre o ideal e o real, Camões busca na interiorização uma forma de atingir a plenitude.

Os sonetos de Camões não podem ser datados, mas é possível ver fatos da vida e da experiência do poeta. O "eu lírico" — a voz poética que expressa as emoções retratadas na poesia — de Camões é triste, angustiado, marcado pela desesperança de se realizar o amor que ele tanto deseja.

Esta coletânea dos vinte sonetos mais aclamados do poeta foi organizada por ordem de publicação.

ENQUANTO QUIS FORTUNA QUE TIVESSE
(SONETO 001)

Uma vez mais, o amor é visto com pessimismo e desesperança. Enquanto o destino deu esperança ao poeta, ele desejou escrever. Mas o amor confundiu a razão do escritor, e ele teve dificuldades para compor sua poesia, pois o amor sequestra a vontade daqueles que amam, deixando-os à sua mercê. Em conclusão, o poeta diz que uma poesia de amor perfeito só é possível se o leitor já tiver sentido a perfeição deste sentimento: "E sabei que, segundo o amor tiverdes, tereis o entendimento de meus versos!". Somente quem já amou pode entender, de fato, o que é o amor.

Sonetos

Enquanto quis **Fortuna** que tivesse
esperança de algum contentamento,
o gosto de um suave pensamento
me fez que seus efeitos escrevesse.

Porém, temendo Amor que aviso desse
minha escritura a algum juízo isento,
escureceu-me o engenho com tormento,
para que seus enganos não dissesse.

Ó vós que **Amor** obriga a ser sujeitos
a diversas vontades! Quando lerdes
num breve livro casos tão diversos,

verdades puras são, e não defeitos...
E sabei que, segundo o amor tiverdes,
tereis o entendimento de meus versos!

Fortuna
Deusa romana
da esperança
e da sorte.
© commons.wikimedia / Isaac Pocock

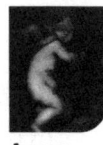

Amor
Também conhecido
na mitologia romana
por Cupido.
© commons.wikimedia/
Salvator Rosa

Luís de Camões

BUSQUE AMOR NOVAS ARTES, NOVO ENGENHO
(SONETO 003)

O Classicismo, a escola literária à qual Camões pertenceu, busca o equilíbrio entre razão e emoção. Neste soneto, o poeta equilibra a expressão do desespero amoroso com o raciocínio. O eu lírico se mostra desiludido, sem anseios ou esperanças, pois o amor já os tirou dele (que não pode tirar- me as esperanças, / que mal me tirará o que eu não tenho). Ele está determinado a ficar indiferente frente ao desamor de que tem sido vítima, mas conclui, no último terceto, que é incapaz, pois, por mais que tente ignorar o amor, esse sentimento continua a nascer e a doer.

Sonetos

Busque Amor novas artes, novo engenho,
para matar-me, e novas esquivanças;
que não pode tirar-me as esperanças,
que mal me tirará o que eu não tenho.

Olhai de que esperanças me mantenho!
Vede que perigosas seguranças!
Que não temo contrastes nem mudanças,
andando em bravo mar, perdido o lenho.

Mas, conquanto não pode haver desgosto
onde esperança falta, lá me esconde
Amor um mal, que mata e não se vê.

Que dias há que n'alma me tem posto
um não sei quê, que nasce não sei onde,
vem não sei como, e dói não sei por quê.

Metáforas Náuticas

Muito comum seu uso na literatura, principalmente em textos épicos. Neste soneto a metáfora é utilizada para resumir o desconcerto e a desesperança do enamorado. "Bravo mar" é metáfora de "vida agitada"; "lenho" é "navio", por metonímia.
© commons.wikimedia/ Rembrandt

Luís de Camões

AMOR É UM FOGO QUE ARDE SEM SE VER
(SONETO 005)

Essa é uma das mais belas poesias de amor da literatura universal. Nele, Camões procura definir um sentimento quase impossível — senão impossível — de ser descrito em palavras. Embora o poeta analise o experenciar o amor por meio da razão, usando raciocínios lógicos, o amor é um sentimento imensurável, indefinível. O sentir e o pensar são movimentos contrários. Por isso, para conseguir traduzir o sentir amor, Camões usa ideias opostas: a dor se opõe ao não sentir, o contentamento que é descontente, o estar solitário mesmo em meio a outras pessoas. Desse modo, o poeta explora as contradições do amor, que nos traz ao mesmo tempo prazer e muita dor.

Sonetos

**Amor é um fogo que arde sem se ver,
é ferida que dói, e não se sente;**
é um contentamento descontente,
é dor que desatina sem doer.

É um não querer mais que bem querer;
é um andar solitário entre a gente;
é nunca contentar-se de contente;
é um cuidar que ganha em se perder.

É querer estar preso por vontade;
é servir a quem vence, o vencedor;
é ter com quem nos mata, lealdade.

Mas como causar pode seu favor
nos corações humanos amizade,
se tão contrário a si é o mesmo Amor?

Antítese

Camões nos traz uma série de asseverações sobre o amor que parecem conflitantes, mas que são inerentes à natureza do sentimento amoroso. Assim é a antítese, dois pensamentos de sentido contrário.

Luís de Camões

PEDE O DESEJO, DAMA, QUE VOS VEJA
(SONETO 008)

Este soneto explora o desejo físico, mostrando-o em oposição ao amor puro, platônico. O desejo aqui é o amor sensual, que se contrapõe ao amor idealizado. O poeta é confrontado por esse conflito. Logo no primeiro verso, ele pede à sua dama a satisfação do desejo físico: "Pede-me o desejo, Dama, que vos veja", mas em seguida afirma seu erro: "Não entende o que pede; está enganado". O amor é "tão fino e tão delgado", isto é, puro, que o desejo sensual "está enganado". O desejo macula a pureza do amor. Essa negação da satisfação do desejo desvela o ideal platônico na forma de amar: ama-se com a mente o ideal do amor.

Contudo, o poeta percebe que esse afeto, esse desejo, faz com que ele "se dane", pois desejar faz parte da sua natureza. Assim, ele se desculpa, no final, por a responsável pelo galanteio vulgar que faz à dama ser sua parte humana, baixa, vil, mas que o submete.

Sonetos

Pede o desejo, Dama, que vos veja,
não entende o que pede; está enganado.
É este amor tão fino e tão delgado,
que quem o tem não sabe o que deseja.

Não há cousa a qual natural seja
que não queira perpétuo seu estado;
não quer logo o desejo o desejado,
porque não falte nunca onde sobeja.

Mas este puro afeito em mim se dana;
que, como a grave pedra tem por arte
o centro desejar da natureza,

assim o pensamento (pela parte
que vai tomar de mim, terreste [e] humana)
foi, Senhora, pedir esta baixeza.

Platão e o mundo das ideias

O Amor neste soneto é apresentado de forma contraditória: o amor ideal (puro/platónico) e o amor físico (erótico/sensual). Para o filosofo, o amor platônico era algo fundamentalmente puro e desprovido de paixões, ao passo em que estas são essencialmente cegas, efêmeras, materiais e desleais.

© commons.wikimedia/ autor desconhecido

Luís de Camões

ESTÁ O LASCIVO E DOCE PASSARINHO
(SONETO 014)

O tema deste soneto é a paixão, que surge desavisadamente, quando menos se espera. O passarinho é o poeta, que vive a fazer versos. Ele está despreocupado, quando um cruel caçador o atinge com uma seta. O caçador é o cupido, que fere o coração do passarinho-poeta e que, agora, passa a sofrer de amor. O tema, portanto, é novamente o amor como um sentimento que traz dor, confusão e sofrimento. Para o poeta, o melhor seria não o sentir.

Como em outros sonetos, Camões lança mão de recursos de linguagem para expressar suas visões: adjetivação expressiva, "lascivo", "doce", "alegre e brando", "cruel", "calado e manso"; aliteração, repetindo o "r", "rústico raminho", sugerindo a despreocupação do passarinho; metáfora, por exemplo, "foi ferido" para indicar que se apaixonou.

Sonetos

Está o lascivo e doce passarinho
com o biquinho as penas ordenando;
o verso sem medida, alegre e brando,
espedindo no rústico raminho;

o cruel caçador (que do caminho
se vem calado e manso desviando)
na pronta vista a seta endireitando,
lhe dá no Estígio lago eterno ninho.

Dest' arte o coração, que livre andava,
(posto que já de longe destinado)
onde menos temia, foi ferido.

Porque o Frecheiro cego me esperava,
para que me tomasse descuidado,
em vossos claros olhos escondido.

Luís de Camões

TRANSFORMA-SE O AMADOR NA COUSA AMADA
(SONETO 020)

Camões primeiro reflete neste soneto que o amor platônico é satisfatório. Ao se amar com a mente, idealizando a "cousa amada", o eu lírico se sente realizado: "Não tenho, logo, mais que desejar, / pois em mim tenho a parte desejada". Assim, o amor dispensa os corpos, pois sua forma mais elevada é a da união de almas. Mas o poeta percebe que a amada está somente na ideia, e que o seu amor precisa ser realizado de fato, precisa de forma: "O vivo e puro amor de que sou feito, como a matéria simples busca a forma". Desse modo, o ideal, o amor platônico, não basta por si só. Precisa ser realizado por meio da forma, da sua realização material, unindo coração e mente.

Transforma-se o amador na cousa amada,
por virtude do muito imaginar;
não tenho, logo, mais que desejar,
pois em mim tenho a parte desejada.

Se nela está minha alma transformada,
que mais deseja o corpo de alcançar?
Em si somente pode descansar,
pois consigo tal alma está liada.

Mas esta linda e pura semideia,
que, como um acidente em seu sujeito,
assim com a alma minha se conforma,

está no pensamento como ideia:
[e] o vivo e puro amor de que sou feito,
como a matéria simples busca a forma.

Pseudo-Dionísio, o Areopagita

Este soneto pode ser reflexo de uma opinião de Pseudo-Dionísio, que foi um filósofo neoplatônico que afirmou que o amor é uma força unitiva e consistente, uma força cósmica que concilia corpo e espírito.

© commons.wikimedia/André Thévet

Luís de Camões

SETE ANOS DE PASTOR JACOB SERVIA
(SONETO 030)

Aqui Camões usa uma passagem bíblica para refletir sobre o poder que o amor exerce nos homens apaixonados. Na história da Bíblia, Jacob queria se casar com Raquel, a filha mais nova de Labão. No entanto, por causa da tradição da época, a caçula não poderia se casar antes da filha mais velha. Labão, então, propôs a Jacob que o servisse durante sete anos e, no final desse período, poderia se casar com Raquel. Mas Labão enganou Jacob e, depois de sete anos de servidão, ele lhe deu Lia, a mais velha, como esposa. Jacob, fiel ao seu amor, aceita trabalhar mais sete anos para conseguir a mão de Raquel, já que nos tempos bíblicos um homem podia ter mais que uma esposa.

Camões transforma a história em um soneto para expressar, no último terceto, a disposição daquele que ama verdadeiramente: "Mais servira, se não fora para tão longo amor tão curta a vida". Como Jacob, o amante se esforçará para superar todos os obstáculos que surgirem em seu caminho a fim de merecer a pessoa que ama.

Sonetos

Sete anos de pastor Jacob servia
Labão, pai de Raquel, serrana bela;
mas não servia ao pai, servia a ela,
e a ela só por prêmio pretendia.

Os dias, na esperança de um só dia,
passava, contentando se com vê-la;
porém o pai, usando de cautela,
em lugar de Raquel lhe dava Lia.

Vendo o triste pastor que com enganos
lhe fora assim negada a sua pastora,
como se a não tivera merecida;

começa de servir outros sete anos,
dizendo: — Mais servira, se não fora
para tão longo amor tão curta a vida.

Jacob e Raquel

A história bíblica relatada em *Gênesis* sobre Jacob e Raquel foi inspiração também para pintores renascentistas como Raphael Loggia, Luca Giordano, Pedro Orrente, entre outros.

© ccommons.wikimedia/Raphael

Luís de Camões

COMO QUANDO DO MAR TEMPESTUOSO
(SONETO 043)

Este soneto fala da coragem de um marinheiro que, embora temesse o naufrágio, sempre retornava à embarcação. Mas aqui o marinheiro simboliza o poeta, e o mar, a amada. O eu lírico quer escapar das tempestades emocionais do amor. Contudo, a atração que a amada exerce sobre ele é irresistível (minh'alma que de vós nunca se ausenta), e o marinheiro-poeta sempre volta para ela como um refém, apesar do temor de naufragar nas ondas da paixão.

Sonetos

Como quando do mar tempestuoso
o marinheiro, lasso e trabalhado,
de um naufrágio cruel já salvo a nado,
só ouvir falar nele o faz medroso;

e jura que em que veja bonançoso
o violento mar, e sossegado
não entre nele mais, mas vai, forçado
pelo muito interesse cobiçoso;

Assim, Senhora eu, que da tormenta,
de vossa vista fujo, por salvar-me,
jurando de não mais em outra ver-me;

minha alma que de vós nunca se ausenta,
dá-me por preço ver-vos, faz tornar-me
donde fugi tão perto de perder-me.

Luís de Camões

DE VOS ME APARTO, Ó VIDA! EM TAL MUDANÇA
(SONETO 057)

No Renascimento, estar apaixonado era visto como estar doente. A pessoa perde a razão, age como uma tola, não come, não dorme, não vive. Este é outro soneto no qual Camões expressa essa ideia de que o amor é um tipo de doença que enlouquece quem se apaixona.

Nesta poesia, o eu lírico chega a se despedir da vida (De vós me aparto, ó vida! Em tal mudança, sinto vivo da morte o sentimento), pois vê na possibilidade de realização do amor uma forma de se perder ainda mais. Aqui, Camões sustenta, de novo, uma visão pessimista: a ideia de que nem a própria satisfação do desejo pode trazer felicidade. No segundo quarteto, o poeta tem certeza de que, se não realizar o amor que sente, será capaz de esquecer a paixão que o consome. Ele mantém a ideia nos tercetos que seguem. O poeta pede a tristeza nos olhos, ou seja, as lágrimas, em vez de desejar outra mulher.

De vós me aparto, ó vida! Em tal mudança,
sinto vivo da morte o sentimento.
Não sei para que é ter contentamento,
se mais há de perder quem mais alcança.

Mas dou-vos esta firme segurança
que, posto que me mate meu tormento,
pelas águas do eterno esquecimento
segura passará minha lembrança.

Antes sem vós meus olhos se entristeçam,
que com qualquer cousa outra se contentem;
antes os esqueçais, que vos esqueçam.

Antes nesta lembrança se atormentem,
que com esquecimento desmereçam
a glória que em sofrer tal pena sentem.

Doente de amor nos quadros renascentistas

Jan Steen recorrentemente retrata jovens sofrendo por amor (ou grávidas). Nesta pintura, *Maiden in Love* (Donzela Apaixonada, no português aproximado), os médicos examinam o pulso da donzela doente de amor. As pistas do diagnóstico estão espalhadas pela cena: podemos ver o cupido em cima da porta, a cama próxima, o cachorro em um travesseiro e a terceira pessoa que não expressa preocupação olhando.

© commons.wikimedia/Jan Steen

Luís de Camões

ALMA MINHA GENTIL, QUE TE PARTISTE
(SONETO 080)

Soneto dedicado à Dinamene. O remorso parece estar implícito neste soneto, em que Dinamene é retratada como um anjo celestial e Camões um homem impuro, existindo sem razão para viver. Como em muitas das poesias de Camões, o homem é mostrado como um ser perverso e a mulher, perfeita. A angústia do eu lírico fica clara. A poesia fala sobre o amor irrealizado, a separação, a tristeza da perda da amada, a morte que sempre assombra a vida, a melancolia e a dor que são partes da condição humana. Ao mesmo tempo, deposita esperança na crença da eternidade da alma, que, quando a dura vida terminar, vai permitir que os amantes se reúnam. Assim, ao final, ele pede que a amada interceda pelo poeta junto a Deus, para que Ele possa reuni-los de novo.

Sonetos

<u>Alma minha gentil, que te partiste
tão cedo desta vida descontente,</u>
repousa lá no Céu eternamente,
e viva eu cá na terra sempre triste.

Se lá no assento etéreo, onde subiste,
memória desta vida se consente,
não te esqueças daquele amor ardente
que já nos olhos meus tão puro viste.

E se vires que pode merecer-te
alguma cousa a dor que me ficou
da mágoa, sem remédio, de perder-te

roga a Deus, que teus anos encurtou,
que tão cedo de cá me leve a ver-te,
quão cedo de meus olhos te levou.

Dinamene

Musa inspiradora de Camões, foi uma mulher chinesa, supostamente chamada Tin Nam Men, por quem ele se apaixonou em uma de suas viagens ao Extremo Oriente. A lenda diz que em viagem marítima, uma forte tempestade afundou o navio, e que em meio às furiosas ondas, Camões teve que escolher entre salvar sua amada e seu manuscrito *Os Lusíadas*, e que por ela ter morrido ao amar, foi personificada na figura da ninfa marinha.

Luís de Camões

MUDAM-SE OS TEMPOS, MUDAM-SE AS VONTADES.
(SONETO 092)

Este soneto propõe uma reflexão sobre a mudança, a transição, um tema frequente na Renascença. Aqui, Camões aborda a transitoriedade das coisas e da vida. O eu lírico está desiludido com a mudança dos tempos, das pessoas, dos seus valores e ideais. Com o passar do anos, o que ficou para o poeta foram os momentos mais difíceis da vida, pois o tempo abalou a sua esperança e do bem que experimentou só restou saudade. As estações se sucedem, o "doce canto" é transformado em "choro", e o mundo parou nesse momento. Para o poeta, porém, algo já não mudará: sua desesperança. Assim, o eu lírico conclui que está fadado ao sofrimento.

Sonetos

Mudam-se os tempos, mudam-se as vontades,
muda-se o ser, muda-se a confiança;
todo o mundo é composto de mudança,
tomando sempre novas qualidades.

Continuamente vemos novidades,
diferentes em tudo da esperança;
do mal ficam as mágoas na lembrança,
e do bem (se algum houve), as saudades.

O tempo cobre o chão de verde manto,
que já coberto foi de neve fria,
e, enfim, converte em choro o doce canto.

E, afora este mudar-se cada dia,
outra mudança faz de mor espanto,
que não se muda já como soía.

Luís de Camões

QUANDO DE MINHAS MÁGOAS A COMPRIDA
(SONETO 100)

Outro soneto no qual Camões chora pela morte e separação da sua amante chinesa Dinamene. Aqui o poeta usa os sonhos que o afligem para falar de sua dor. Podemos imaginar que tanto os sonhos como a saudade que o dilacera podem ter sido ampliados pelo arrependimento de ter escolhido salvar do naufrágio os originais de *Os Lusíadas*, em vez de tentar resgatar sua amante. Nunca saberemos...

O soneto reflete sobre a solidão e o amor que se opõem um ao outro, deixando o eu lírico triste e deprimido. No campo, ou prado, do sonho que o poeta descreve, a amada surge, mas ele não a alcança. Chama por ela, porém, ela não responde e se vai, deixando o eu lírico perdido em sua solidão, desamparado em seu amor. Então, ele entende que a separação de sua amada é real, e seu sofrimento, contínuo.

Quando de minhas mágoas a comprida
imaginação os olhos me adormece,
em sonhos aquela alma me aparece
que para mim foi sonho nesta vida.

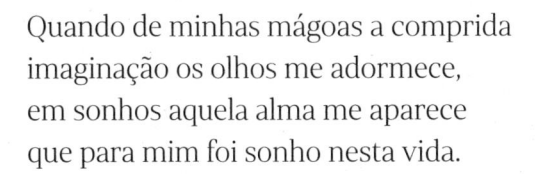

Lá numa soidade, onde estendida
a vista pelo campo desfalece,
corro para ela; e ela então parece
que mais de mim se alonga, compelida.

Brado: Não me fujais, sombra benina!
Ela (os olhos em mim com brando pejo,
como quem diz que já não pode ser),

torna a fugir-me; e eu, gritando: **Dina**...
antes que diga **mene**, alardo, e vejo
que nem um breve engano posso ter

AH! MINHA DINAMENE! ASSI DEIXASTE
(SONETO 101)

Este é um dos sonetos mais famosos de Camões e que revela um episódio marcante de sua vida. O poeta teve uma amante chinesa chamada, provavelmente, Tin Nam Min, cujo nome foi aportuguesado para Dinamene. Uma história conta que, em uma viagem marítima para Macau, na China, o navio no qual Camões e Dinamene estavam foi pego por uma forte tempestade e afundou. O poeta conseguiu salvar os originais de *Os Lusíadas*, sua obra prima, mas, por causa disso, não pôde ajudar sua amante, que morreu afogada. Depois, tomado de tristeza, Camões escreveu esta poesia — e outras —, em que lamenta sua perda, eternizando sua amada chinesa.

Este soneto traz, também, um dos temas recorrentes na poesia de Camões: a ausência da amada e a presença do amor insatisfeito.

Ah! minha Dinamene! Assi deixaste
quem não deixara nunca de querer-te?
Ah! Ninfa minha! Já não posso ver-te,
tão asinha esta vida desprezaste!

Como já para sempre te apartaste
de quem tão longe estava de perder-te?
Puderam estas ondas defender-te,
que não visses quem tanto magoaste?

Nem falar-te somente a dura morte
me deixou, que tão cedo o negro manto
em teus olhos deitado consentiste!

Ó mar, ó Céu, ó minha escura sorte!
Que pena sentirei, que valha tanto,
que inda tenho por pouco o viver triste?

O CÉU, A TERRA,
O VENTO SOSSEGADO
(SONETO 106)

Mais uma poesia que evoca a perda de Dinamene, uma morte cuja dor nunca se cala em Camões. Poderíamos até imaginar que seja a transcrição poética do que ele sentiu ao chegar à praia depois do naufrágio e saber que sua amada morreu afogada. No início do soneto, o poeta evoca a natureza como cúmplice da dor e solidão do pescador que, chorando, repete o nome da amada que morreu. Buscando consolo, pede às ondas: "Tornai-me a minha ninfa", devolvam-me minha amada. Mas a natureza é indiferente aos sofrimentos do homem: "ninguém lhe fala", ninguém responde. O vento leva seu pedido para longe. Tudo o que resta é a saudade — e a dor da perda.

Sonetos

O céu, a terra, o vento sossegado...
As ondas, que se estendem pela areia...
Os peixes, que no mar o sono enfreia...
O noturno silêncio repousado...

O pescador Aónio, que, deitado
onde com vento a água se meneia,
chorando, o nome amado em vão nomeia,
que não pode ser mais que nomeado:

Ondas dizia antes que Amor me mate,
torna-me a minha Ninfa, que tão cedo
me fizestes à morte estar sujeita.

Ninguém lhe fala; o mar de longe bate;
move-se brandamente o arvoredo;
leva-lhe o vento a voz, que ao vento deita.

CÁ NESTA BABILÔNIA? DONDE MANA
(SONETO 120)

Este soneto traz um tema importante na obra poética de Camões: o desconcerto, isto é, a discordância, a desarmonia que há no mundo. Em razão de sua experiência de vida, o poeta se ressente das contradições que encontrou ao longo de sua existência. Ele teve livre acesso à corte e acabou expulso; de preceptor de filhos de nobres, virou soldado; de administrador de fundos, acabou prisioneiro. Até mesmo no amor foi infeliz, pois a morte lhe tirou a amada.

Neste soneto, o poeta contrasta o Sião, a terra prometida ao povo de Israel, com a Babilônia, a metrópole que tudo oferece e que corrompe os homens. A Babilônia é um lugar onde "mana" (ou seja, onde se produz) "quanto mal o mundo cria", onde "o mal se afina e o bem se dana" e onde "pode mais que a honra a tirania". O "labirinto" (primeiro terceto) ao qual o poeta se refere e o "caos e confusão" (segundo terceto) deixam claro o desconcerto e a angústia de Camões, que talvez tenha escrito esta poesia longe de casa, em terras estrangeiras. O último verso, a chave de ouro, fecha a poesia expressando a saudade que o poeta sente de seu país natal, inferindo a esperança de um dia voltar.

Sonetos

Cá nesta **Babilônia**, donde mana
matéria a quanto mal o mundo cria;
cá onde o puro Amor não tem valia,
que a Mãe, que manda mais, tudo profana;

cá, onde o mal se afina, e o bem se dana,
e pode mais que a honra a tirania;
cá, onde a errada e cega Monarquia
cuida que um nome vão a desengana;

cá, neste labirinto, onde a nobreza
com esforço e saber pedindo vão
às portas da cobiça e da vileza;

cá neste escuro caos de confusão,
cumprindo o curso estou da natureza.
Vê se me esquecerei de ti, **Sião**!

A Babilônia

É considerada por pesquisadores a origem da evolução humana. Foi lá o início dos avanços políticos, sociais, econômicos, tecnológicos e culturais.

Sião

Considerada cidade de Deus, era uma fortaleza jebusita próxima de Jerusalém e foi conquistada por Davi, o maior rei de Israel.

Luís de Camões

NA RIBEIRA DO EUFRATES ASSENTADO
(SONETO 129)

Neste soneto, Camões canta a saudade dos bons tempos que viveu em casa, em seu país natal, simbolizado pelo Sião bíblico. O eu lírico está longe, em uma terra estranha, na Arábia, na beira do histórico rio Eufrates, lembrando-se da glória passada e vivendo o mal agora presente. Aconselhado por alguém – talvez pelo próprio rio – a cantar a boa memória, a lembrar os tempos felizes, o eu lírico diz que não consegue, pois a saudade é maior e lhe faz pensar na morte.

Sonetos

Na ribeira do Eufrates assentado,
discorrendo me achei pela memória
aquele breve bem, aquela glória,
que em ti, doce Sião, tinha passado.

Da causa de meus males perguntado
me foi: Como não cantas a história
de teu passado bem, e da vitória
que sempre de teu mal hás alcançado?

Não sabes, que a quem canta se lhe esquece
o mal, inda que grave e rigoroso?
Canta, pois, e não chores dessa sorte.

Respondo com suspiros: Quando cresce
a muita saudade, o piadoso
remédio é não cantar senso a morte.

Luís de Camões

O DIA EM QUE EU NASCI, MOURA E PEREÇA
(SONETO 131)

Neste soneto, Camões expressa sua angústia existencial. O poeta teve uma existência difícil. Tido como "esbanjador", ele se viu em dificuldades materiais ao longo de quase toda a vida adulta. Sua vida afetiva também não foi feliz. Perdeu sua amante em um naufrágio e, ao voltar a Portugal, não obteve o reconhecimento que esperava por sua poesia e viveu de esmolas.

No Soneto 131, Camões amaldiçoa o dia em que nasceu — uma data nefasta e triste. Os versos demonstram o desespero do eu lírico por ter vindo ao mundo e o "erro" cometido ao nascer. Para realçar sua convicção, o poeta usa hipérboles — a ênfase feita pelo exagero deliberado, como "Mais desgraçada que jamais se viu", no último verso.

O dia em que eu nasci, moura e pereça,
não o queira jamais o tempo dar,
não torne mais ao mundo, e, se tornar,
eclipse nesse passo o sol padeça.

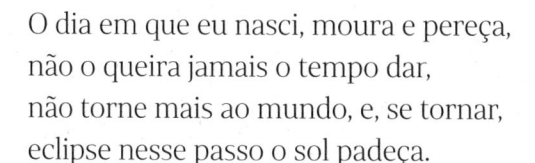

luz lhe falte, o sol se [lhe] escureça,
mostre o mundo sinais de se acabar,
nasçam-lhe monstros, sangue chova o ar,
a mãe ao próprio filho não conheça.

as pessoas pasmadas de ignorantes,
as lágrimas no rosto, a cor perdida,
cuidem que o mundo já se destruiu.

Ó gente temerosa, não te espantes,
que este dia deitou ao mundo a vida
mais desgraça que jamais se viu!

Luís de Camões

O TEMPO ACABA O ANO, O MÊS E A HORA
(SONETO 133)

Neste soneto, Camões aborda aqui o tempo, trazendo uma reflexão filosófica. O tempo transforma tudo: "O tempo o claro dia torna escuro, / e o mais ledo prazer em choro triste", mas é incapaz de acabar com a tristeza do poeta apaixonado. Somente a mulher que ele ama e deseja pode eliminar sua infelicidade: "Mas neo pode acabar minha tristeza, / enquanto não quiserdes vós, Senhora". Resta, então, "ter um peito de diamante", duro e incorruptível, capaz de manter intacta a esperança. Assim, uma vez mais, Camões aponta a esperança como antídoto para a dor.

Sonetos

O tempo acaba o ano, o mês e a hora,
a força, a arte, a manha, a fortaleza;
o tempo acaba a fama e a riqueza,
o tempo o mesmo tempo de si chora.

tempo busca e acaba o onde mora
qualquer ingratidão, qualquer dureza;
mas neo pode acabar minha tristeza,
enquanto não quiserdes vós, Senhora.

O tempo o claro dia torna escuro,
e o mais ledo prazer em choro triste;
o tempo a tempestade em grã bonança.

Mas de abrandar o tempo estou seguro
o peito de diamante, onde consiste
a pena e o prazer desta esperança.

Luís de Camões

A FERMOSURA DESTA FRESCA SERRA
(SONETO 136)

Este soneto tem como tema a saudade e a ausência da mulher amada. Aqui, o poeta fala sobre a necessidade da presença da mulher amada para que a felicidade seja realizada. Sem amor, a vida não tem graça, e sem a amada, o poeta não consegue ter alegria. Embora esteja cercado das belezas da natureza (A fermosura fresca serra, / e a sombra dos verdes castanheiros), que por si só bastam para trazer alegria (donde toda a tristeza se desterra), nada disso tem valor para o eu lírico sem a presença da amada (Sem ti, tudo me enoja e me aborrece).

Sonetos

A fermosura fresca serra,
e a sombra dos verdes castanheiros,
o manso caminhar destes ribeiros,
donde toda a tristeza se desterra;

o rouco som do mar, a estranha terra,
o esconder do sol pelos outeiros,
o recolher dos gados derradeiros,
das nuvens pelo ar a branda guerra;

enfim, tudo o que a rara natureza
com tanta variedade nos oferece,
me está (se não te vejo) magoando.

Sem ti, tudo me enoja e me aborrece;
sem ti, perpetuamente estou passando
nas mores alegrias, mor tristeza.

Luís de Camões

VENCIDO ESTÁ DE AMOR MEU PENSAMENTO
(SONETO 145)

Este é outro soneto que reflete o ideal amoroso no período do Renascimento. O eu lírico reconhece que sua razão é afetada pelo amor, e o amor que confunde sua razão também o faz perder a vida, pois ele destina sua existência a servir a mulher que ama. Para Camões, aquele que ama se afasta de si mesmo, de suas vontades e ambições. Perde-se.

Contudo, o ideal do amor na época da Renascença é o do homem que serve à dama, que vive seu amor de forma platônica. Por isso, servir à mulher amada é tudo o que o amante pode desejar. Servir a uma mulher é algo honroso, digno: "Com essa pretensão nesta empresa, / tão estranha, tão doce, honrosa e alta". Esse servir é o meio de se fazer digno aos olhos de uma mulher, de atrair sua atenção e de seduzi-la. É, portanto, a maneira que o homem tem para conquistar sua amada, a esperança de se fazer amado.

Sonetos

Vencido está de Amor
   o mais que pode
   sujeita a vos servir
oferecendo tudo

Contente deste bem,
ou hora em que se viu
mil vezes desejando
outra vez renovar

Com essa pretensão
a causa que me guia
tão estranha, tão doce,

Jurando não seguir
votando só por vós
ou ser no vosso amor

meu pensamento
vencida a vida,
   instituída,
a vosso intento.

louva o momento,
tão bem perdida;
a tal ferida,
seu perdimento.

está segura
nesta empresa,
honrosa e alta.

outra ventura,
rara firmeza,
achado em falta.

Uso de acróstico

Camões dividiu este poema em duas colunas, separadas por um espaço, formando assim duas frases verticais.
1ª frase vertical **'VOSO COMO CATJVO'**. Nesse caso, lê-se o 'J' como 'i': **Vosso como cativo**.
2ª frase vertical **'MVI ALTA SENHORA'**: **Mui alta senhora**.
Quando unimos as frases: **Vosso como cativo mui alta senhora**, dá-se mais ou menos o seguinte sentido: "Altíssima senhora, sou alguém que lhe pertence de modo semelhante a um escravo."

CAMÕES
EM IMAGENS

Este retrato de Camões, em cópia de Luís de Resende, é considerado a mais autêntica imagem, cujo original, feito por Fernão Gomes, foi pintado ainda durante a vida do poeta.

© Retrato de Luís de Camões por Fernão Gomes. 1577, Commons.wikimedia

Túmulo de Camões no Mosteiro dos Jerônimos.

© António Augusto da Costa Motta (1862-1930), conhecido como Costa Motta (Tio), 2008, Carlos Luis M C da Cruz, Commons.wikimedia

Camões lendo *Os Lusíadas* aos frades de São Domingos (1927), óleo sobre tela de Antônio Carneiro.
© Antonio Carneiro, 1927, Wikiart

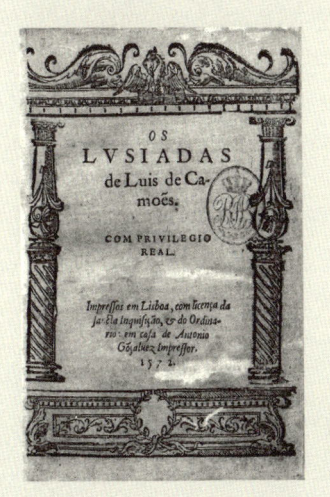

Capa da edição de 1572 de *Os Lusíadas*, a obra-prima de Camões.
© Reprodução, Commons.wikimedia

Retrato de Camões, pintado em Goa (1581), encomendado por Fernão Telles de Menezes e oferecido ao vice-rei Dom Luís de Ataíde.

© Artista desconhecido, 1581, Commons.wikimedia

Capa da primeira edição das *Rimas*, de 1595.

© Reprodução, Commons.wikimedia

Camões na interpretação neoexpressionista de Júlio Pomar.
© Julio Pomar, 1990, wikiart

Busto de Camões no Rio de Janeiro.
© Enio Resende – stock.adobe.com

Sonetos

CAMÕES NA MÚSICA BRASILEIRA

Ao menos dois grandes músicos brasileiros relembraram Camões em suas canções. Caetano Veloso, em 1984, e Renato Russo, em 1989. Aponte o celular para os QR Codes a seguir e ouça as músicas.

As quatros Estações
LEGIÃO URBANA

As Quatro Estações é o quarto álbum de estúdio da banda de rock brasileira Legião Urbana, lançado em 1989. Foram vendidos quase 2 milhões de cópias, representando o disco mais vendido da banda.

TRECHO DA MÚSICA

"O amor é o fogo que arde sem se ver
É ferida que dói e não se sente
É um contentamento descontente
É dor que desatina sem doer"

Aponte a câmera do celular para o QR Code ao lado e ouça as músicas.

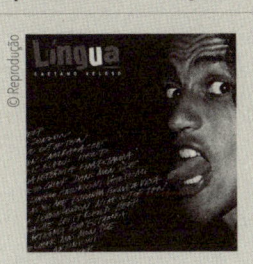

Língua
CAETANO VELOSO

Lançado em 1984, álbum tem participação especial de Elza Soares.

TRECHO DA MÚSICA

"Gosto de sentir a minha língua roçar
A língua de Luís de Camões
Gosto de ser e de estar
E quero me dedicar
A criar confusões de prosódia
E uma profusão de paródias"

Aponte a câmera do celular para o QR Code ao lado e ouça as músicas.

CAMÕES NA SALA DE AULA

Marcella Abboud[4]

O CONTEXTO DE PRODUÇÃO

Cada vez mais, os estudiosos da literatura vêm apontando como a historiografia literária, tal qual a estudamos e concebemos, apresenta desafios para a compreensão do fenômeno literário. Não raras vezes, deparamo-nos com autores cuja especificidade da obra nos impede de classificá-los como pertencentes a este ou àquele período literário. Isso ocorre porque, ao contrário do que uma leitura mais simplista possa fazer parecer, períodos literários são **sistemas semióticos** complexos que não transitam de um para outro de modo abrupto; na realidade, seguem coexistindo, com mais ou menos predominância entre eles. Circunscrever determinadas produções literárias — que partilham códigos linguístico-semânticos, condições históricas e convenções estéticas — dentro de um mesmo período literário é uma metodologia que deve levar em conta o caráter eternamente transitório dos elementos. É por isso, por exemplo, que alguns livros podem classificar o mesmo autor em mais de um período literário.

> **Sistemas semióticos**, neste contexto, são sistemas que partilham significados, com base em gramáticas, valores e significados.

---

[4] **Marcella Abboud** é mestra e doutora em Teoria e Crítica Literária pela Universidade Estadual de Campinas (UNICAMP), professora e escritora.

Esse é o caso de Luís Vaz de Camões, cujo nome já se transformou em metonímia da própria literatura em língua portuguesa. Sua vaga biografia aponta que o poeta português muito provavelmente viveu de 1524 a 1580, durante o Renascimento Cultural, fazendo parte, em termos literários, do período literário denominado Classicismo. A época de imensa efervescência cultural, em grande parte alimentada economicamente pelo projeto colonialista das Grandes Navegações, tinha como principal pilar a retomada de valores tidos como fundantes da estética greco-latina:

> A valorização de um saber apurado (intelectualismo);
>
> A verossimilhança da arte e sua capacidade mimética (de imitação da natureza);
>
> A estética baseada em intensa harmonia e equilíbrio;
>
> A presença constante do humanismo.

VAMOS NOS APROFUNDAR NA OBRA DE CAMÕES

A OBRA

A obra de Camões bebe muito do caldo cultural renascentista; contudo, apresenta características que impedem de classificá-la exclusivamente como classicista, e, mais contemporaneamente, sua obra aparece como sendo maneirista. É bem comum encontrar como classificação da sua produção escrita a divisão entre o Camões épico (de *Os Lusíadas*) e o Camões lírico (que corresponde ao conjunto de sonetos escritos pelo autor).

O Maneirismo, ainda hoje, é visto como um período de transição entre o Classicismo e o Barroco. Por um lado, o Maneirismo se diferencia do Classicismo pelo uso das metáforas conceituosas e da percepção da realidade como transformação contínua, embora também se diferencie do Barroco por não partilhar seu modo sensorial de conceber a arte e por ser mais sóbrio e mais frio. Vale destacar que o Renascimento Cultural, mesmo que recupere a cultura clássica, aconteceu em um momento em que o cristianismo já estava estabelecido, resultando na fusão das duas culturas, e na adaptação sincrética entre valores pagãos e cristãos.

> Ah! Minha Dinamene! Assi deixaste
> quem não deixara nunca de querer-te?
> Ah! Ninfa minha! Já não posso ver-te,
> tão asinha esta vida desprezaste!
>
> Como já para sempre te apartaste
> de quem tão longe estava de perder-te?
> Puderam estas ondas defender-te,
> que não visses quem tanto magoaste?
>
> Nem falar-te somente a dura morte
> me deixou, que tão cedo o negro manto
> em teus olhos deitado consentiste!
>
> Ó mar, ó Céu, ó minha escura sorte!
> Que pena sentirei, que valha tanto,
> que inda tenho por pouco o viver triste?

Neste soneto, a presença da nereida Dinamene aponta para a temática mitológica grega, fundamental para a estética classicista, e sua organização em decassilábicos de rima ABBA ABBA CDC CDC transparece o ideal de harmonia renascentista. Apesar disso, a efemeridade da vida e transitoriedade do tempo são temáticas vinculadas ao Maneirismo.

O Renascimento Cultural teve como berço a Itália, de onde Camões bebera a influência de Petrarca, poeta que modificou sobremaneira a lírica. A influência do italiano não é a única que sobressai nos sonetos de Camões: Sá de Miranda, poeta português contemporâneo a Camões, foi quem trouxe (em 1527) o uso de sonetos decassilábicos, com quartetos de rima ABBA, que também seria a forma adotada por Camões na composição dos seus sonetos.

> Alma minha gentil, que te partiste
> tão cedo desta vida descontente,
> repousa lá no Céu eternamente,
> e viva eu cá na terra sempre triste.
>
> Se lá no assento etéreo, onde subiste,
> memória desta vida se consente,
> não te esqueças daquele amor ardente
> que já nos olhos meus tão puro viste.
> E se vires que pode merecer te
> algũa causa a dor que me ficou
> da mágoa, sem remédio, de perder te,
>
> roga a Deus, que teus anos encurtou,
> que tão cedo de cá me leve a ver te,
> quão cedo de meus olhos te levou.

Este soneto é paradigmático das influências de Camões: os primeiros versos retomam um poema de Petrarca, que também roga à morte da amada pela sua alma que parte, ao mesmo tempo vemos os versos decassilábicos com rima ABBA de Sá de Miranda. Convivem, ainda, os princípios do mundo inteligível de Platão na concepção dualista de corpo e alma (influência pagã grega) e a exortação a Deus como aquele que detém o poder sobre a vida (cristianismo estabelecido).

CAMÕES NAS PROVAS DE VESTIBULAR

Camões é um escritor que tem sido cobrado há muitos anos nas provas em todo o país, seja como parte na lista de obras obrigatórias ou como parte do conteúdo comum de literatura em língua portuguesa. Isso porque, embora seja mundialmente reconhecido, Camões tem especial relevância para os países lusófonos que foram colonizados por Portugal, como é o caso do Brasil; afinal, a imposição da cultura do colonizador implica, inevitavelmente, forte influência naquilo que será produzido. Vale ressaltar que *Os Lusíadas*, a **epopeia** de Camões, trata justamente da temática das grandes navegações, o que imbui sua obra de ainda mais relevância histórica para leitores literários no Brasil.

> **Epopeias** são poemas épicos, isto é, poemas cujo mote é narrar a trajetória de um herói. No caso de *Os Lusíadas*, o herói é Vasco da Gama e sua ida às Índias.

Apesar desse caráter histórico inegável, as questões tendem preferencialmente a trabalhar alguns aspectos vinculados à estética dos sonetos e à interpretação literária, sobretudo aquela que depende apenas da própria materialidade do texto. Além de compreender os temas que permeiam os desígnios do eu lírico camoniano, solicita-se que o aluno compreenda o uso de figuras de linguagem (especial ênfase às metáforas, antíteses e paradoxos), elementos do gênero, como as rimas e as sílabas poéticas, a forte presença da metalinguagem e as múltiplas intertextualidades que têm sido feitas ao longo dos séculos.

EXERCÍCIOS DE MÚLTIPLA ESCOLHA COMENTADOS

SONETO PARA AS QUESTÕES 1 E 2:

Mudam-se os tempos, mudam-se as vontades,
Muda-se o ser, muda-se a confiança:
Todo o mundo é composto de mudança,
Tomando sempre novas qualidades.

Continuamente vemos novidades,
Diferentes em tudo da esperança:
Do mal ficam as mágoas na lembrança,
E do bem (se algum houve) as saudades.

O tempo cobre o chão de verde manto,
Que já coberto foi de neve fria,
E em mim converte em choro o doce canto.

E afora este mudar-se cada dia,
Outra mudança faz de mor espanto,
Que não se muda já como **soía**.
(Luís Vaz de Camões)

soía: terceira pessoa do pretérito imperfeito do indicativo do verbo "soer" (costumar, ser de costume).
(Luís de Camões, 20 Sonetos. Campinas: Editora da Unicamp, p. 91.)

(UNICAMP 2021) Indique a afirmação que se aplica ao soneto escrito por Camões.

a) O poema retoma o tema renascentista da mudança das coisas, que o poeta sente como motivo de esperança e de fé na vida.
b) A ideia de transformação refere-se às coisas do mundo, mas não afeta o estado de espírito do poeta, em razão de sua crença amorosa.
c) Tudo sempre se renova, diferentemente das esperanças do poeta, que acolhem suas mágoas e saudades.
d) Não apenas o estado de espírito do poeta se altera, mas também a experiência que ele tem da própria mudança.

RESOLUÇÃO:
O tema da mudança é abordado neste soneto como característica constante do tempo, da vontade, do homem e da confiança. A transformação é perene e inexorável, acarretando alteração no estado de espírito do poeta, que vai do "doce canto" para o "choro". Esse moto contínuo atinge a compreensão que o eu lírico tem do estado geral das coisas, do ser e da própria essência da mudança, pois ela é também mutável.
Resposta: D

2. (UERJ 2022 — Adaptada)

A imagem a seguir reproduz um grafite visto em um muro em Portugal.

> MUDOS OS TEMPOS
> MUDAS AS VONTADES

triplov.com, agosto/2012

O grafite estabelece intertextualidade com o soneto I, que trata da mudança como fonte de desassossego para o poeta quinhentista. Reelaborada na contemporaneidade, a mudança retratada no grafite pode ser associada ao seguinte tema, presente nos sonetos de Camões:

a) imprecisão do conhecimento
b) necessidade da experiência
c) ambiguidade do amor
d) desconcerto do mundo

RESOLUÇÃO:
A ideia de desassossego reflete como o mundo está em constante desconcerto, o que é reiterado pelo uso de "mudos os tempos/ mudas as vontades" que identificam o silenciamento gerado pelo mundo, que é um espaço hostil e desordenado.
Resposta: D

3. (ENEM 2010)

Texto I

XLI
Ouvia:
Que não podia odiar
E nem temer
Porque tu eras eu.
E como seria
Odiar a mim mesma
E a mim mesma temer.

HILST, H. Cantares. São Paulo: Globo, 2004 (fragmento).

Texto II
Transforma-se o amador na cousa amada
Transforma-se o amador na cousa amada,
por virtude do muito imaginar;
não tenho, logo, mais que desejar,
pois em mim tenho a parte desejada.

Camões. Sonetos. Disponível em: http://www.jornaldepoesia.jor.br. Acesso em: 3 set. 2010 (fragmento).

Aponte a câmera do celular para o QR Code ao lado e leia os Sonetos.

Nesses fragmentos de poemas de Hilda Hilst e Camões, a temática comum é:

a) o "outro" transformado no próprio eu lírico, o que se realiza por meio de uma espécie de fusão de dois seres em um só.

b) a fusão do "outro" com o eu lírico, havendo, nos versos de Hilda Hilst, a afirmação do eu lírico de que odeia a si mesmo.

c) o "outro" que se confunde com o eu lírico, verificando-se, porém, nos versos de Camões, certa resistência do ser amado.

d) a dissociação entre o "outro" e o eu lírico, porque o ódio ou o amor se produz no imaginário, sem a realização concreta.

e) o "outro" que se associa ao eu lírico, sendo tratados, nos Textos I e II, respectivamente, o ódio e o amor.

RESOLUÇÃO:
A fusão do amor na coisa amada é identificada no verso "porque tu eras eu", de Hilda Hilst.
Resposta: A

SONETO PARA AS QUESTÕES 4 E 5:

Enquanto quis Fortuna que tivesse
esperança de algum contentamento,
o gosto de um suave pensamento
me fez que seus efeitos escrevesse.

Porém, temendo Amor que aviso desse
minha escritura a algum juízo isento,
escureceu-me o engenho com tormento,
para que seus enganos não dissesse.

Ó vós que Amor obriga a ser sujeitos
a diversas vontades! Quando lerdes
num breve livro casos tão diversos,

verdades puras são, e não defeitos...
E sabei que, segundo o amor tiverdes,
tereis o entendimento de meus versos

4. (INÉDITA) A respeito da lírica de Camões, Vítor Aguiar e Silva (2011) comenta: "Paralelamente, há que entender a função do Amor em grande parte da lírica de Camões como dinâmica-motriz do próprio ato de escrever. O Amor é, por assim dizer, o combustível que põe a máquina da escrita em ação." Assinale a alternativa em que o verso transcrito representa resposta aos desígnios do amor que impele a escrita do poeta.

a) Enquanto quis Fortuna que tivesse.
b) O gosto de um suave pensamento.
c) Para que seus enganos não dissesse.
d) Verdades puras são, e não defeitos.

RESOLUÇÃO:
Em "para que seus enganos não dissesse", o pronome se refere ao Amor, que projeta no eu lírico o desejo pela escritura.
Resposta: C

---

5. (INÉDITA) Sobre o soneto lido, assinale a alternativa correta.

a) O uso de letra maiúscula em Amor e Fortuna personifica os sentimentos, dotando-os de desejo e capacidade de ação.
b) O soneto é todo sustentado em antíteses, traço recorrente da lírica camoniana.
c) O eu lírico dialoga, ao longo do poema, com a Fortuna.
d) A premissa do eu lírico é que o amor é incompreensível.

RESOLUÇÃO:
Amor e Fortuna são, para além de sentimentos, deidades importantes do paganismo grego, muito aproveitado por Camões. O uso das maiúsculas marca a personificação, bem como as ações que performam, descritas pelo eu lírico.
Resposta: A

EXERCÍCIOS ANALÍTICOS COMENTADOS

1. (UNICAMP — 2016) Leia o soneto a seguir, de Luís de Camões:

"Cá nesta Babilônia, donde mana
matéria a quanto mal o mundo cria;
cá donde o puro Amor não tem valia,
que a Mãe, que manda mais, tudo profana;

cá, onde o mal se afina e o bem se dana,
e pode mais que a honra a tirania;
cá, onde a errada e cega Monarquia
cuida que um nome vão a desengana;

cá, neste labirinto, onde a nobreza,
com esforço e saber pedindo vão
às portas da cobiça e da vileza;

cá neste escuro caos de confusão,
cumprindo o curso estou da natureza.
Vê se me esquecerei de ti, Sião!"

(Disponível em http://www.dominiopublico.gov.br/download/texto/bv000164.pdf. Acesso em: 8 set. 2015.)

a) Uma oposição espacial configura o tema e o significado desse poema de Camões. Identifique essa oposição, indicando o seu significado para o conjunto dos versos.

b) Identifique nos tercetos duas expressões que contemplam a noção de desconcerto, fundamental para a compreensão do tema do soneto e da lírica camoniana.

GABARITO:

a) Trata-se da oposição entre Babilônia e Sião. Se Babilônia representa alegoricamente o mal, ao evocar a situação de exílio e privação do eu lírico, e também por tudo que simboliza na tradição judaico-cristã (por exemplo, a tirania, o amor impuro, os desenganos e a vida errática), Sião encarna as ideias de liberdade, verdade e amor puro. Babilônia é o local do desconcerto do mundo, ao passo que Sião indica a pátria verdadeira, local da justa proporção e da possível harmonia entre os valores espirituais do eu lírico e a sua realidade social e material.

b) No primeiro terceto, a expressão "neste labirinto" capta um dos traços fundamentais da noção de desconcerto, a saber, o deslocamento errático do eu lírico em um mundo marcado pela cobiça e pela vileza, em suma, pelo pecado. No segundo terceto, a expressão "neste escuro caos de confusão" sugere as ideias de desordem e desorientação desse eu lírico. Tais expressões do desconcerto são antíteses das ideias de proporção, equilíbrio e beleza, que compõem o campo semântico do conceito de concerto, encarnado na forma lógica e rigorosa do soneto e na própria visão de mundo do homem renascentista.

2. (UNICAMP — 2002) Leia o seguinte soneto de Camões:

Oh! Como se me alonga, de ano em ano,
a peregrinação cansada minha.
Como se encurta, e como ao fim caminha
este meu breve e vão discurso humano.

Vai-se gastando a idade e cresce o dano;
perde-se-me um remédio, que inda tinha.
Se por experiência se adivinha,
qualquer grande esperança é grande engano.

Corro após este bem que não se alcança;
no meio do caminho me falece,
mil vezes caio, e perco a confiança.

Quando ele foge, eu tardo; e, na tardança,
se os olhos ergo a ver se inda parece,
da vista se me perde e da esperança.

a) Na primeira estrofe há uma contraposição expressa pelos verbos alongar e encurtar. A qual deles está associado o cansaço da vida e qual deles se associa à proximidade da morte?
b) Por que se pode afirmar que existe também uma contraposição no interior do primeiro verso da segunda estrofe?
c) A que termo se refere o pronome "ele" da última estrofe?

GABARITO:

a) O cansaço da vida está associado ao verbo "alongar", e a proximidade da morte está associada ao verbo "encurtar".
b) Porque existe uma contraposição evidente entre "gastar" (no sentido de diminuir) e "crescer"; além disso, em certo sentido pode-se contrapor a "idade" (a maturidade) como um bem e entender a palavra "dano" como um mal ou uma desgraça.
c) O elemento a que se refere o "ele" da última estrofe é o termo "bem" da estrofe anterior.

---

3. (UERJ 2022 — Adaptada)

Leia o soneto:

O tempo acaba o ano, o mês e a hora,
A força, a arte, a manha, a fortaleza;
O tempo acaba a fama e a riqueza,
O tempo o mesmo tempo de si chora.

O tempo busca e acaba o onde mora
Qualquer ingratidão, qualquer dureza,
Mas não pode acabar minha tristeza,
Enquanto não quiserdes vós, Senhora.

O tempo o claro dia torna escuro,
E o mais ledo[1] prazer em choro triste;
O tempo a tempestade em grã[2] bonança.

Mas de abrandar o tempo estou seguro
O peito de diamante, onde consiste
A pena e o prazer desta esperança.

---
[1] ledo — alegre. [2] grã — grande.

a) Identifique no soneto as marcas enunciativas que representam os interlocutores do poema.

b) No soneto, o poeta descreve o impacto da ação do tempo, destacando sua capacidade de transformar algo em seu oposto. Transcreva o verso em que esse impacto está exemplificado.

EXPECTATIVA DE RESPOSTA:
a) Mas não pode acabar minha tristeza, / Enquanto não quiserdes vós, Senhora
b) "O tempo a tempestade em grã bonança."

SONETO PARA A QUESTÃO 4.

Sete anos de pastor Jacob servia
Labão, pai de Raquel, serrana bela;
mas não servia ao pai, servia a ela,
e a ela só por prêmio pretendia.

Os dias, na esperança de um só dia,
passava, contentando se com vê-la;
porém o pai, usando de cautela,
em lugar de Raquel lhe dava Lia.

Vendo o triste pastor que com enganos
lhe fora assim negada a sua pastora,
como se a não tivera merecida;

começa de servir outros sete anos,
dizendo: — Mais servira, se não fora
para tão longo amor tão curta a vida.

4.(INÉDITA)

a) O soneto apresenta um sentimento de impotência diante da passagem do tempo. Na última estrofe, porém, o poeta revela um sentimento que se opõe à impotência. Explique que sentimento é esse.

b) A antítese é uma figura de linguagem amplamente explorada pelo Maneirismo. Identifique uma antítese presente no poema e transcreva o verso em que se encontra.

EXPECTATIVA DE RESPOSTA:

a) A última estrofe mostra a lealdade e resignação do pastor Jacob, capaz de suplantar a impotência diante da passagem do tempo, servindo por mais sete anos para poder obter a mão de Raquel.

b) Há antítese no verso "para tão longo amor tão curta vida."

TEXTO PARA A QUESTÃO 5:

Pede o desejo, Dama, que vos veja,
não entende o que pede; está enganado.
É este amor tão fino e tão delgado,
que quem o tem não sabe o que deseja.

Não há cousa a qual natural seja
que não queira perpétuo seu estado;
não quer logo o desejo o desejado,
porque não falte nunca onde sobeja.

Mas este puro afeito em mim se dana;
que, como a grave pedra tem por arte
o centro desejar da natureza,

assim o pensamento (pela parte que
vai tomar de mim, terreste [e] humana)
foi, Senhora, pedir esta baixeza.

Disponível em: http://www.dominiopublico.gov.br/download/texto/bv000164.pdf

Aponte a câmera do celular para o QR Code ao lado e leia os Sonetos.

a) A obra de Camões tem forte vinculação com a filosofia platônica, em especial com a percepção que Platão tem do próprio amor (Eros) como aquele que se vincula ao desejo do que lhe ausenta.

Luís de Camões

Identifique, no soneto lido, o ideário platônico de amor e transcreva o verso em que ele se encontra.

b) Os vocativos utilizados pelo eu lírico denotam que tipo de relação com a mulher amada?

Explique.

GABARITO:

a) Platão identifica o amor como forte ausência do objeto amado, o que resulta em desejo. Isso fica evidente no verso "porque não falte nunca onde sobeja".

b) A relação é de servidão e vassalagem, o que fica evidente pelo vocativo de superioridade "Dama" e "Senhora".

CONHECENDO CAMÕES E *SONETOS* ATRAVÉS DE UMA VIDEOAULA

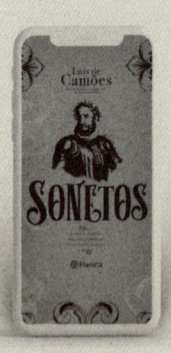

Aponte a câmera do celular para o QR Code a seguir e assista ao vídeo que preparamos especialmente para você!

REFERÊNCIAS BIBLIOGRÁFICAS

AGUIAR E SILVA, Vítor Manuel de. *Teoria da literatura*. Coimbra: Livraria Almedina, 1992.

____. (coord). *Dicionário de Camões*. Alfragide: Caminho, 2012.

CAMÕES, Luís de; TORRALVO, Izetti Fragata; MINCHILLO, Carlos Cortez. *Sonetos de Camões: sonetos, redondilhas e gêneros maiores*. São Paulo: Ateliê Editorial, 1998.

CAMÕES, Luís Vaz de. *Os Lusíadas de Luís Camões*. Direção Literária Dr. Álvaro Júlio da Costa Pimpão. Disponível em: http://www.dominiopublico.gov.br/download/texto/bv000164.pdf. Acesso em: 4 jun. 2022.

MARIZ, Pedro de. *Ao estudioso da lição poética*. Disponível em: http://www.jornaldepoesia.jor.br/biografiacam%C3%B5es.pdf. Acesso em: 10 jun. 2022.

MASCARENHAS, Domingos. *Camões, o gênio peregrino*. In: Grandes vidas, grandes obras. Rio de Janeiro: Ypiranga, 1968.

SUZUKI, Márcio. *Dois trechos de Friedrich Schlegel*. Tradução de Márcio Suzuki. Folha de S.Paulo. São Paulo: Caderno Mais, 21 de maio de 2000.

VÁRIOS AUTORES. *Vida e obra de 50 grandes autores*. São Paulo: Nova Cultural, 2011.

WHITE, Landeg. In search of a rhyme. Disponível em: https://www.theguardian.com/books/2006/mar/18/featuresreviews.guardianreview21. Acesso em: 10 jun. 2022.

TENFEN, Maicon. *Dinamene*. São Paulo: A Página Distribuidora, 2021.

**Acreditamos
nos livros**

Este livro foi composto em Eskorte Latin
e impresso pela Geográfica para a Editora
Planeta do Brasil em setembro de 2022.